Ouça a narração desta história disponível no Plurall.

**editora ática**

**Presidência:** Mario Ghio Júnior
**Vice-presidência de educação digital:** Camila Montero Vaz Cardoso
**Direção editorial:** Lidiane Vivaldini Olo
**Gerência editorial:** Julio Cesar Augustus de Paula Santos
**Coordenação editorial:** Luciana Nicoleti
**Edição:** Ana Lucia Militello
**Colaboração:** Julia Abrão, Paula Giannini e Viviana Olivati
**Aprendizagem digital:** Renata Galdino (ger.), Beatriz de Almeida Pinto Rodrigues da Costa (coord. de Experiência de aprendizagem), Carla Isabel Ferreira Reis (coord. de Produção multimídia), Daniela dos Santos Di Nubila (coord. de Produção digital), Rogerio Fabio Alves (coord. de Publicação), Vanessa Tavares Menezes de Souza (coord. de Design digital).
**Planejamento e controle de produção:** Flávio Matuguma (ger.), Juliana Batista (coord.) e Jayne Ruas (analista)
**Revisão:** Letícia Pieroni (coord.), Aline Cristina Vieira, Anna Clara Razvickas, Carla Bertinato, Daniela Lima, Danielle Modesto, Diego Carbone, Elane Vicente, Kátia S. Lopes Godoi, Lilian M. Kumai, Malvina Tomáz, Marília H. Lima, Patrícia Rocco S. Renda, Paula Freire, Paula Rubia Baltazar, Paula Teixeira, Raquel A. Taveira, Ricardo Miyake, Shirley Figueiredo Ayres, Tayra Alfonso e Thaise Rodrigues
**Arte:** Fernanda Costa da Silva (ger.), Catherine Saori Ishihara (coord.) e Karina Vizeu Winkaler (edição de arte)
**Iconografia e tratamento de imagem:** Roberta Bento (ger.), Claudia Bertolazzi (coord.), Roberta Freire Lacerda dos Santos (pesquisa iconográfica) e Fernanda Crevin (tratamento de imagens)
**Licenciamento de conteúdo de terceiros:** Roberta Bento (ger.), Jenis Oh (coord.) e Liliane Rodrigues (analista de licenciamento)
**Ilustrações e capa:** Michel Ramalho
**Cartografia:** Eric Fuzii (coord.) e Robson da Rocha (edição de arte)
**Design:** Erik Taketa (coord.) e Talita Guedes da Silva (capa e proj. gráfico)
**Logotipo:** Superludico

---

Todos os direitos reservados por Somos Sistemas de Ensino S.A.
Avenida Paulista, 901, 6º andar – Bela Vista
São Paulo – SP – CEP 01310-000
http://www.somoseducacao.com.br

**2025**
Código CAE 792310 / OP 247943
6ª edição
4ª impressão
De acordo com a BNCC.

---

Impressão e acabamento: D'ARTHY Editora e Gráfica Ltda

Uma publicação

ICONS — MAKE AN X — WRITE — MATCH — DRAW

IT'S A SUNNY DAY IN THE PARK. THE SKY IS BLUE.

4 A DAY IN THE PARK

THE JONES FAMILY ALWAYS GOES TO THE PARK ON SUNDAYS.
THEY LOVE TO PLAY TOGETHER!

NOW JOANA AND HER DAD ARE BUILDING A SANDCASTLE WITH SEASHELLS.

CHRIS IS RIDING A BIKE.

ELLEN AND HER MOM ARE READING A BOOK.

A DAY IN THE PARK 9

NOW JOANA, CHRIS AND ELLEN ARE PACKING THEIR SCHOOLBAGS TO GO TO SCHOOL.
THERE IS A BEAUTIFUL RAINBOW IN THE SKY.

**1.** MAKE AN **X**. THE CHARACTERS OF THE STORY ARE:

JOANA

IGOR

CHRIS

JONAS

ELLEN

MONICA

BETH

MOM

DAD

14 A DAY IN THE PARK

## 2. CROSSWORD.

A DAY IN THE PARK 15

## 3. MATCH.

 • • MY SCHOOLBAG IS COLORFUL!

 • • I LOVE MY LUNCHBOX!

 • • MY PENCIL CASE IS BEAUTIFUL!

## 4. DRAW YOUR FAVORITE TOY.

16  A DAY IN THE PARK